TAEKWONDO

一学就会系列

跟着冠军
学跆拳道

张会景 主编

SPM 南方传媒 | 广东经济出版社
·广州·

图书在版编目（CIP）数据

跟着冠军学跆拳道 / 张会景主编 . —广州：广东经济出版社，2023. 6
（一学就会系列）
ISBN 978-7-5454-8609-4

Ⅰ. ①跟… Ⅱ. ①张… Ⅲ. ①跆拳道—运动训练 Ⅳ. ① G886. 9

中国版本图书馆 CIP 数据核字（2022）第 237988 号

责任编辑：徐依然　颜明辉　黄　昱　郭妹均
责任校对：张刘洋
责任技编：陆俊帆

跟着冠军学跆拳道
GENZHE GUANJUN XUE TAIQUANDAO

出版发行：广东经济出版社（广州市水荫路 11 号 11 ～ 12 楼）
印　　刷：珠海市国彩印刷有限公司
（珠海市金湾区红旗镇永安一路国彩工业园）

开　　本：730 毫米 ×1020 毫米　1/16　　**印　　张**：9
版　　次：2023 年 6 月第 1 版　　**印　　次**：2023 年 6 月第 1 次
书　　号：ISBN 978-7-5454-8609-4　　**字　　数**：91 千字
定　　价：88.00 元

发行电话：（020）87393830　　编辑邮箱：gdjjcbstg@163.com
广东经济出版社常年法律顾问：胡志海律师　　法务电话：（020）37603025
如发现印装质量问题，请与本社联系，本社负责调换。

编 委 会

主 编

张会景

副主编

马勇志　张继东　庞　鑫　左　毅

技术示范

张会景　庞　鑫　张婧婷　谢凌云
潘　磊　贾一超　李　李　陈雅正

目 录

Chapter 1

第一章　跆拳道运动的发展

图1-1

跆拳道是一项利用拳和脚进行搏击对抗的竞技运动，它通过竞技比赛、品势和功力等表现形式，使练习者增强体质，掌握技战术，养成坚韧不拔的意志品质。

跆拳道起源于朝鲜半岛，早期是由朝鲜三国时代的跆跟、花郎道演化而来，且在韩国民间流行的一项技击术。现代的跆拳道是结合当代东亚武技之长的韩国发源运动之一。1961年，韩国成立了唐手道协会，后更名为跆拳道。现代跆拳道被韩国人视

图1-2

为国技。跆（TAE），意思为脚踢、脚蹬、踹，这与中国《辞海》中关于“跆”字解释非常吻合，跆即为踩踏、蹬踏之意；拳（KWON）意指用拳击打；道（DO）即为格斗中的礼仪修炼，用于束缚学习者的心境和力度。跆拳道使练习者更加注重礼仪，要求“以礼始，以礼终”，培养人的礼仪、忍耐、谦虚和坚韧不拔的精神品质。

现代跆拳道运动的特点与作用：由于跆拳道运动的技术比较简单易学，且有整齐划一的服装，以及级位、段位的划分，在练习过程中能达到防身、健身、自卫的作用，所以深受人们的喜爱，尤其是青少年的热衷和喜爱。自2000年悉尼奥运会，中国夺得第一枚跆拳道奥运金牌以来，国内掀起了习练跆拳道的热潮。

图1-3

图1-4

清华大学自2003年将跆拳道引进课堂以来，始终贯彻“育人至上、体魄与人格并重”的教育理念，始终坚持健康第一的指导思想。体育课为学生提供的是展现自我的平台，跆拳道课不仅仅是锻炼身体，作为必修课和选修课，对学生来说，跆拳道是自己喜爱的项目，在教师的带领下更能调动学习热情和积极性。跆拳道运动的独特武道精神能深深影响学生在练习技术、战术时勇于挑战，战胜自我，提升技术、战术、身体素质等，获得前所未有的体验。课堂上有意识的以学生为主体，教师为主导，通过示范教学、技术对比、实战讲解等教学手段，充分调动学生的学习热情，注重德育培养，使学生通过跆拳道练习提升自信心，增强体质。

清华大学跆拳道协会，自2005年成立以来，深受学生的欢迎。截止2020年，参加协会训练的学生已超过3千人，跆拳道协会分为初级班和提高班。2010年在协会基础上成立了清华大学跆拳道代表队，让技术水平出众的学生，每学期都能代表清华大学参加首都高校跆拳道比赛。队伍成立至2020年，共获得首都高校跆拳道锦标赛的竞技冠军和品势冠军45个。

Chapter 2

第二章　跆拳道基础知识

一、跆拳道礼仪

鞠躬礼

微信扫码
配套视频
学习指导
运动百科

双脚并拢，立正站好，双手自然下垂，置于身体两侧，弯腰，鞠躬30度。鞠躬礼是跆拳道练习者在学习跆拳道礼仪时所应注重的外在的道德修养，它督促着每一位练习者时时刻刻都要做到知礼守礼。（见图2-1、图2-2）

图2-1

图2-2

二、跆拳道姿势

（一）立姿

分腿站立，双脚与肩同宽，双手握拳放于身后。（见图2-3、图2-4）

图2-3

图2-4

（二）坐姿

盘腿坐：两腿弯曲交叉平放，盘腿而坐，双手放于膝关节上。（见图2-5、图2-6）

图2-5

图2-6

（三）实战站架

实战准备，以右架为例，两脚前后分开，右脚向后移动，两脚距离微宽于肩、两膝微屈，左脚内扣30度，右脚内扣45度，踝关节、膝关节有弹性，两脚脚跟离地，同时脚前掌主动撑起来，双手握拳两臂自然弯曲，拳心向内，身体整体重心在本人中间，目视前方（对手）。（见图2-7～图2-15）

图2-7

图2-8

图2-9

图2-10

图2-11

图2-12

图2-13

图2-14

图2-15

三、跆拳道装备

（一）道服

白色道服。（见图2-16）

图2-16

（二）道带

根据练习者的级别和段位系相应颜色的道带，以此来判断练习者的竞技水平。（见图2-17）

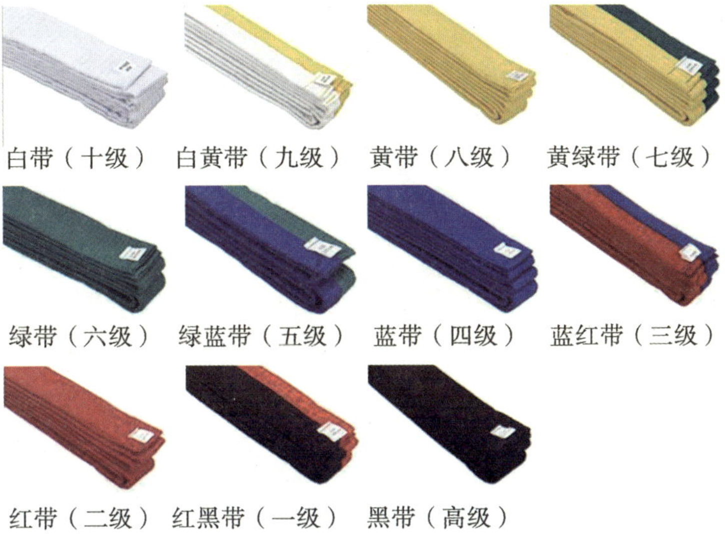

图2-17　跆拳道道带等级

道带系法如下。（见图2-18～图2-38）

扫码看视频

图2-18

图2-19

图2-20

图2-21

图2-22

图2-23

图2-24

图2-25

图2-26

图2-27

图2-28

图2-29

扫码看视频

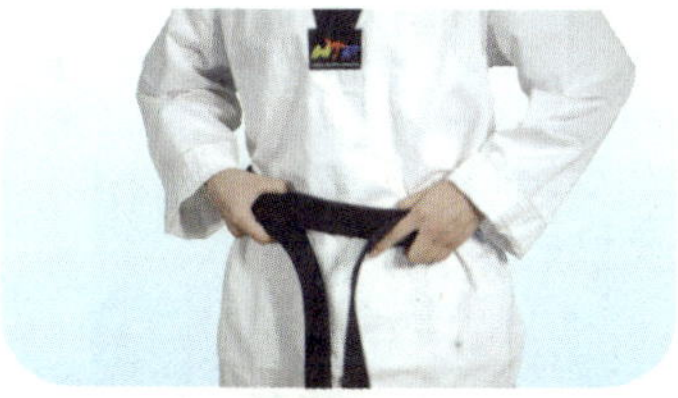

图2-30

图2-31

图2-32

图2-33

图2-34

图2-35

图2-36

图2-37

图2-38

（三）护具

跆拳道的护具包含：护头、护齿、护胸、护腿、护手、护脚等。（图2-39 ~ 图2-46）

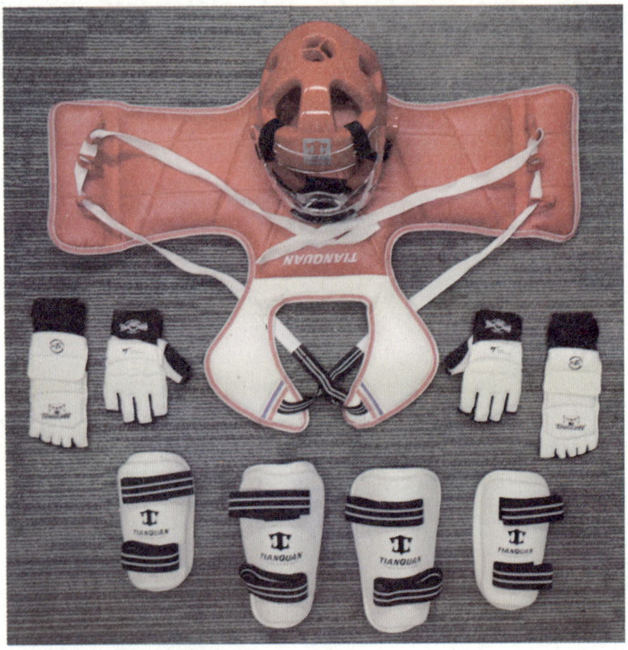

图2-39

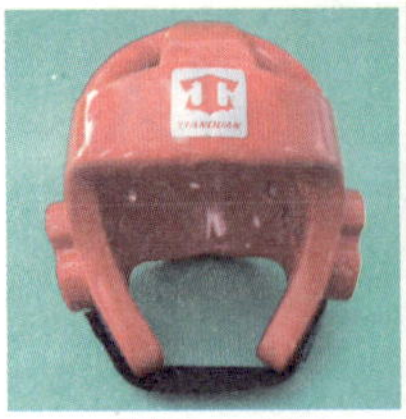
图2-40

图2-41

图2-42

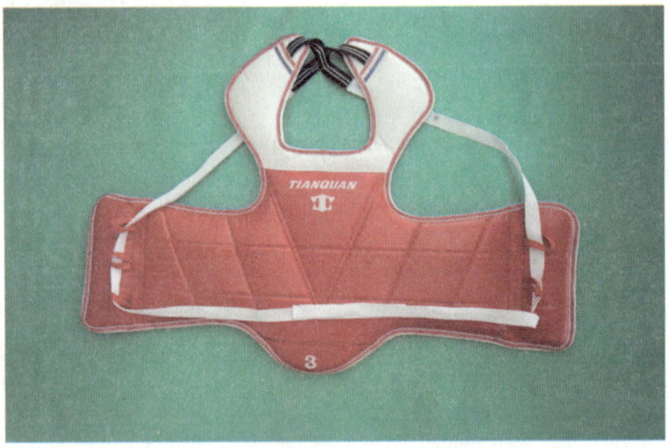

图2-43

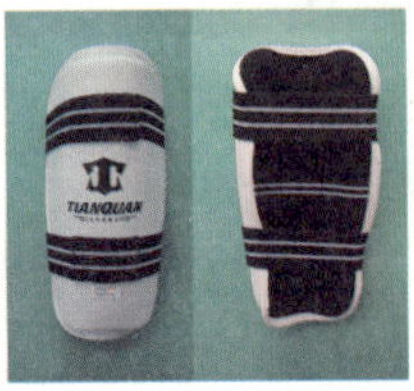

图2-44

图2-45

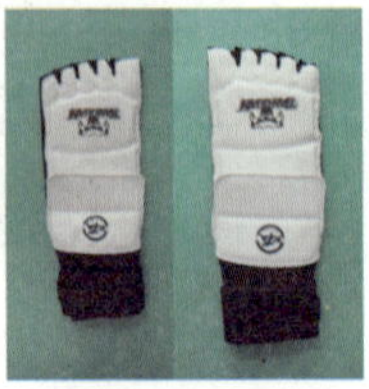
图2-46

四、跆拳道等级

跆拳道分为十级九段。

（一）级位

跆拳道共分为十级，以腰带颜色区分。初学者为十级，腰带为白色。级位由低至高，具体如下表（表2-1）。

表2-1 跆拳道等级及道带

等级	道带	含义
十级	白带	白带代表空白，练习者没有任何跆拳道知识和基础，一切从零开始
九级	白黄带	由白带向黄带的过渡带
八级	黄带	黄带是大地的颜色，在此阶段要打好基础，并学习厚德载物的精神
七级	黄绿带	由黄带向绿带的过渡带
六级	绿带	绿带是植物的颜色，代表练习者的跆拳道技术在不断完善
五级	绿蓝带	由绿带向蓝带的过渡带
四级	蓝带	蓝带是天空的颜色，随着不断的训练，练习者的跆拳道技术逐渐成熟
三级	蓝红带	由蓝带向红带的过渡带
二级	红带	红色是危险的颜色，练习者已经具备一定攻击能力，要注意自我修养
一级	红黑带	练习者已修完从十级至一级的全部课程，开始由红带向黑带过渡

（二）段位

达到跆拳道的一级，开始由红带向黑带的过渡。达到黑带代表练习者经过长期艰苦的磨练，其技术动作与思想修为均已相当成熟。

黑带是跆拳道高手的象征，是实力的体现，更是一种荣誉和责任。黑带段位分一段至九段。一段至三段是新手的段位，四段至六段是高水平的段位，七段至九段只能授予具有很高学识造诣和对跆拳道的发展有重大贡献的杰出人物。黑带一段以上选手有资格参加国际比赛。

所有段位的申请者，必须达到规定的最少间隔时间和年龄限制。一、二、三品的持有者满16周岁以后转换为相应的段位持有者，当持有四品段位的段位持有者的年龄满18周岁后转换为相应的段位持有者，具体如下表（表2-2）。

表2-2　跆拳道段位申请要求

段位	考点	报考年资	报考条件
黑带（一段／一品）	必修：高丽	升级年资：1年	年龄：16周岁或以上，以下者为1品
黑带（二段／二品）	必修：金刚	升级年资：1年	年龄：16周岁或以上，以下者为2品
黑带（三段／三品）	必修：太白	升级年资：2年	年龄：16周岁或以上，以下者为3品
黑带（四段／四品）	必修：平原	升级年资：3年	年龄：19周岁或以上，以下者为4品
黑带（五段）	必修：十进	升级年资：4年	年龄：25周岁或以上
黑带（六段）	必修：地跆	升级年资：5年	年龄：30周岁或以上
黑带（七段）	必修：天拳	升级年资：6年	年龄：36周岁或以上
黑带（八段）	必修：汉水	升级年资：7年	年龄：44周岁或以上
黑带（九段）	由特别组织评核，对跆拳道有重大贡献者		年龄：53周岁或以上

Chapter 3

第三章　跆拳道准备活动

一、原地关节活动

1.头部运动。（见图3–1、图3–2）

微信扫码
★配套视频
★学习指导
★运动百科

图3–1

图3–2

2.扩胸运动。（见图3–3、图3–4）

图3–3

图3–4

3.扩胸振臂。（见图3–5、图3–6）

图3–5

图3–6

4.转体。（见图3–7、图3–8）

图3–7

图3–8

5.腹背。（见图3-9、图3-10）

图3-9

图3-10

6.弓步。（见图3-11）

图3-11

7.侧压步。（见图3-12、图3-13）

图3-12

图3-13

8.膝关节。（见图3-14 ~ 图3-16）

图3-14

图3-15

图3-16

9.下蹲起。（见图3-17、图3-18）

图3-17

图3-18

10.手腕、脚踝运动。（见图3-19）

图3-19

二、行进间活动

绕场地慢跑5～10分钟。

变速跑：10米慢跑、10米快跑。

以跑跳为主的活动：高抬腿、小步跑、后踢跑、跨步跑、左右腿提膝、跳山羊等。（见图3-20～图3-30）

扫码看视频

图3-20

图3-21

图3-22

图3-23

图3-24

图3-25

图3-26

图3-27

图3-28

图3-29

图3-30

Chapter 4

第四章　跆拳道使用部位

一、拳

跆拳道的拳即为正拳。顾名思义，正拳就是用拳头的正面击打对方。五指内屈紧握，拇指第一指压在食指和中指的第二指骨上，拳心朝下为正拳。出拳方法为直拳出击。（见图4–1 ~ 图4–3）

图4–1

图4–2

图4–3

二、手刀

手刀技术用于品势，其方法是：除拇指以外的四个手指全部伸直张开，手刀常用的部位是小拇指的掌外沿，以手掌小指一侧边缘部分指根至掌根处做刀刃砍击。技术特点：上肢攻击技术之一，主要攻击目标是头部和颈部。（见图4-4 ~ 图4-6）

图4-4

图4-5

图4-6

三、脚

（一）脚背（绷脚背）

图4-7

绷紧脚背，练习时需要用整个脚的背面踢击目标。（见图4-7）

（二）脚刀

脚趾端并拢，踝关节内扣，脚外侧形成一个侧面。在进攻或反击蹬出时保持勾脚，脚后跟高于脚前掌，以脚外侧边缘击打目标。（见图4-8）

图4-8

四、膝

竞技和品势练习时，提膝高度都要在髋关节以上位置，不能低于自身的髋关节。（见图4-9）

图4-9

Chapter 5

第五章　跆拳道品势步型

品势，是指练习者以技击为主要内容，通过攻守进退的动作编排，达到强身健体、磨练意志的一种练习形式。

品势的所有动作都以各种基本的步型为基础。

一、开立步

双脚间隔一个脚的长度，约与肩同宽，双脚内侧平行，脚趾朝向正前方。（见图5-1、图5-2）

微信扫码
★配套视频
★学习指导
★运动百科

图5-1

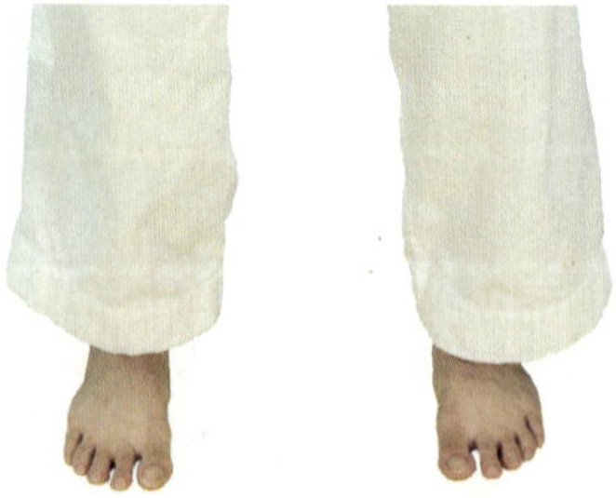

图5-2

二、马步

上半身直立，重心位于双腿之间，两脚平行站立，与肩同宽，膝关节微曲。（见图5-3、图5-4）

图5-3

图5-4

三、弓步

前腿膝关节下蹲至马步高度，后腿伸直，要求视线通过膝关节看不到脚尖。（见图5-5、图5-6）

图5-5

图5-6

四、三七步/后弓步

两腿膝盖与脚尖方向一致，两脚呈90度，重心七分在后脚。（见图5-7、图5-8）

图5-7

图5-8

五、行走步

前后一脚间距，前脚脚尖朝前，后脚脚尖斜向前30度。（见图5-9）

图5-9

六、丁字步

以左丁字步为例，右脚朝前，左脚朝左，两脚脚跟成90度，相距约一脚掌。（见图5-10）

图5-10

扫码看视频

七、虎步

以左势为例，从并步开始，右脚右转30度，左脚向前迈一脚的距离，脚前掌点地，重心位于后脚。（见图5-11、图5-12）

图5-11

图5-12

八、鹤立步

支撑腿下蹲，辅助脚贴靠在支撑腿的膝关节内侧。（见图5-13、图5-14）

图5-13

图5-14

九、交叉步

身体侧向45度，双脚之间间隔一个拳的距离。（见图5-15、图5-16）

图5-15

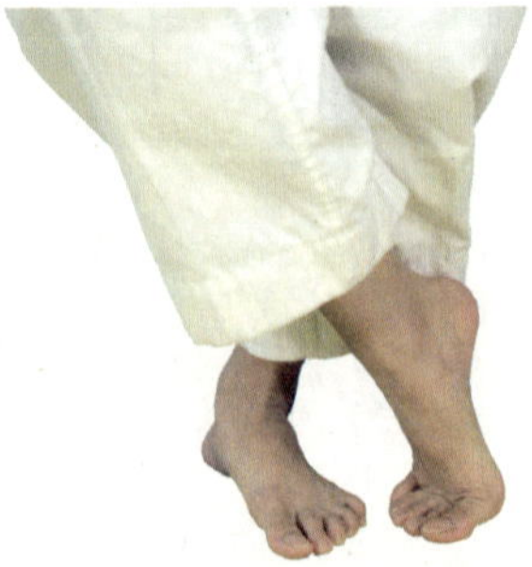

图5-16

Chapter 6
第六章　从白带到绿带

从白带到绿带，也就是从基础十级到六级（见本书第二章级位的介绍）。其基本技术介绍如下：

一、格挡与冲拳

（一）上格挡

上格挡主要是阻挡从上向下的进攻，是针对攻击头部进行的防守。

微信扫码
配套视频
学习指导
运动百科

起始动作：以右手格挡为例，右拳放在左髋关节外，拳心向上，辅助手臂弯曲放在右肩部，拳心向外。格挡时，格挡手臂的腕部、前臂、上臂用力向右上方翻转至与前额相隔一拳的距离，肘关节微曲，腕关节伸直。

规定动作：格挡手臂高于头部，与额头一拳距离，在头斜上方45度，辅助拳向左下用力至左髋关节处，手臂夹紧。（见图6-1～图6-3）

图6-1

图6-2

图6-3

（二）中格挡

中格挡又称内格挡，在大部分的情况下练习者通过旋转身体对身体中心部位进行防守。

起始动作：以右中格挡为例，右臂弯曲位于头部右侧，肩关节和肘关节尽可能向后拉伸，拳心向外，拳的高度不超过耳朵上沿。辅助手臂向前伸直，拳心朝下，位于身体中心线，略高于剑突。

规定动作：格挡手臂向身体的中心部位发力，且与肩同高，肘关节的角度为90～120度。辅助拳回收至左髋关节处，手臂夹紧。（见图6-4～图6-6）

图6-4

图6-5

图6-6

（三）下格挡

下格挡是前臂向下进行防守的动作，在竞技比赛中最为常见，通常用于格挡对手的横踢。

起始动作：以右下格挡为例，右拳置于左肩，拳心向内。辅助手握拳、手臂在右大腿前侧伸直，距离大腿两拳。

规定动作：格挡手臂向右下方用力，至右大腿前侧，距离大腿两拳。辅助拳回收至左髋关节处，手臂夹紧。（见图6-7～图6-9）

图6-7

图6-8

图6-9

（四）马步冲拳

马步冲拳既能锻炼腿部力量，又能锻炼膝关节的稳定性。膝关节的稳定性和灵活性对跆拳道实战中步法的运用起到非常关键的作用。

跆拳道的马步冲拳准备姿势：重心略高，挺胸，目视前方。

上身不动，膝关节微曲，两手握拳置于腰间。冲拳时腰部主动发力，脚后跟不能抬起。（见图6–10～图6–13）

图6–10

图6–11

图6-12

图6-13

二、腿法技术

（一）里合腿

实战姿势站立，以左架为例，起后腿向左前方最高点踢腿，同时由外向内摆腿，落地。（见图6-14～图6-18）

扫码看视频

图6-14

图6-15

图6-16

图6-17

图6-18

（二）外摆腿

实战姿势站立，以左架为例，后腿最大幅度向左前方起腿至最高点，同时向右外侧摆腿，落地。（见图6-19～图6-22）

图6-19

图6-20

图6-21

图6-22

（三）前踢腿（中/高位）

实战姿势站立，前踢腿主动蹬地，原地向正前方提膝，提膝高度不低于髋关节（中位）/提膝高度接近肩关节（高位），同时脚背绷起来，小腿收紧，弹踢，回收小腿，落地还原。（见图6-23～图6-32）

扫码看视频

图6-23

图6-24

图6-25

图6-26

图6-27

图6-28

图6-29

图6-30

图6-31

图6-32

（四）横踢腿（中位/高位）

以右腿为例，右架实战姿势站立，双手握拳自然放在腰间两侧，身体重心移至左腿，右腿屈膝提起到体前，脚面绷直，小腿收紧，紧贴大腿，膝关节抬至与髋关节水平时（中位）/膝关节抬至肩部的高度时（高位），右膝、右髋、右肩及左腿同时向左转动，右腿弹踢击打目标，而后屈膝收回小腿，右腿自然下落，呈左架实战姿势。（中位见图6-33 ~ 图6-37，高位见图6-38 ~ 图6-42）

扫码看视频

图6-33

图6-34

图6-35

图6-36

图6-37

图6-38

图6-39

图6-40

图6-41

图6-42

（五）下劈

以右架为例，实战姿势站立：重心移至左腿，右腿屈膝抬起，脚尖勾起，右腿伸直贴紧躯干高举过头，上体保持正直或稍侧倾，然后快速下劈，用脚跟或脚掌攻击对方的头部。击打目标后，右腿自然落下，呈左架实战姿势。（见图6-43～图6-46）

扫码看视频

图6-43

图6-44

图6-45

图6-46

（六）前横踢

以左架为例，后腿主动向前跳步至前脚的位置，跳步幅度一定要小，隐蔽性要强，速度要快，同时身体重心也要向前移动。后脚蹬地启动的同时前脚主动抬起，提膝并夹紧小腿，弹踢小腿回收，落地。（见图6–47 ~ 图6–52）

扫码看视频

图6–47

图6–48

图6–49

图6-50

图6-51

图6-52

（七）勾踢

以右架为例，身体重心移至右腿，右脚支撑，左腿转髋提膝至肩的高度，支撑脚同时转动大于90度，左腿向前方蹬直，然后屈膝勾回，用脚跟或脚掌击打对方头部，收小腿，落地。（见图6-53～图6-57）

扫码看视频

图6-53

图6-54

图6-55

图6-56

图6-57

（八）推踢

以右架为例，右腿屈膝抬腿，勾脚，用脚前掌推踢，蹬出去，回收小腿，落地。（见图6-58～图6-62）

扫码看视频

图6-58

图6-59

图6-60

图6-61

图6-62

（九）变线技术

1.推踢+横踢

（1）前腿推踢，不落地直接衔接横踢。（见图6-63～图6-68）

扫码看视频

图6-63

图6-64

图6-65

图6-66

图6-67

图6-68

（2）推踢横踢高位，推踢不落地，直接变线横踢高位，攻击头部。（见图6–69 ~ 图6–73）

图6–69

图6–70

图6–71

图6–72

图6–73

2.推踢+下劈

前腿推踢，不落地直接衔接下劈。（见图6–74 ~ 图6–79）

扫码看视频

图6–74

图6–75

图6–76

图6–77

图6–78

图6–79

3.推踢+勾踢

前腿推踢，不落地直接衔接勾踢。（见图6-80 ~ 图6-86）

扫码看视频

图6-80

图6-81

图6-82

图6-83

图6-84

图6-85

图6-86

三、品势

配套视频
学习指导
运动百科
微信扫码

（一）太极一章（见图6-87）

图6-87

①：起势。

②③：面向左，左行走步下格挡，上步右正拳前击。

④⑤：面向右，右行走步下格挡，上步左正拳前击。

⑥⑦：面向前，左弓步下格挡，原地右正拳前击。

⑧⑨：面向右，右行走步左中格挡，上步右正拳前击。

⑩⑪：面向左，左行走步右中格挡，上步左正拳前击。

⑫⑬：面向前，右弓步下格挡，原地左正拳前击。

⑭⑮⑯：面向左，左行走步上格挡，右前踢 + 右正拳前击。

⑰⑱⑲：面向右，右行走步上格挡，左前踢 + 左正拳前击。

⑳㉑：面向后，左弓步下格挡，上步右正拳前击（发声）。

㉒：收势（与起势动作相同）。

（二）太极二章（见图6-88）

★配套视频
★学习指导
★运动百科

微信扫码

图6-88

①：起势。

②③：面向左，左行走步下格挡，上弓步右正拳前击。

④⑤：面向右，右行走步下格挡，上弓步左正拳前击。

⑥⑦：面向前，左行走步右中格挡，上步左中格挡。

⑧～⑩：面向左，左行走步下格挡，右前踢＋右弓步上段正拳前击。

⑪～⑬：面向右，右行走步下格挡，左前踢＋左弓步上端正拳前击。

⑭⑮：面向前，左行走步上格挡，上步右上格挡。

⑯：面向右，左行走步右中格挡。

⑰：面向左，右行走步左中格挡。

⑱～㉔：面向后，左行走步下格挡，右前踢＋右正拳前击，左前踢＋左正拳前击，右前踢＋右正拳前击（发声）。

㉕：收势（与起势动作相同）。

（三）太极三章（见图6-89）

配套视频
学习指导
运动百科
微信扫码

图6-89

①：起势。

②～⑤：面向左，左行走步下格挡，右前踢＋弓步右左两次正拳前击。

⑥～⑨：面向右，右行走步下格挡，左前踢＋弓步左右两次正拳前击。

⑩⑪：面向前，左行走步右手刀内击，上步左手刀内击。

⑫⑬：面向左，右三七步单手刀外格挡，左脚向前迈成左弓步，右正拳前击。

⑭⑮：面向右，左三七步单手刀外格挡，右脚向前迈成右弓步，左正拳前击。

⑯⑰：面向前，左行走步右中格挡，上步左中格挡。

⑱～㉑：面向右，左行走步下格挡，右前踢＋弓步右左两次正拳前击。

㉒～㉕：面向左，右行走步下格挡，左前踢＋弓步左右两次正拳前击。

㉖～㉟：面向后，左行走步下格挡＋右正拳前击，上步右下格挡＋左正拳前击，左前踢＋左行。走步下格挡＋右正拳前击，右前踢＋右行走步下格挡＋左正拳前击(发声)。

㊱：收势（与起势动作相同）。

Chapter 7

第七章 从绿蓝带到红黑带

从五级绿蓝带到一级红黑带，要达到绿蓝带到红黑带级别必须要达到的腿法技术和品势。

一、腿法技术

（一）后踢腿

以左架为例，以右腿为轴，向后转体同时左腿提膝回收小腿、勾脚，用脚跟向后方直线蹬出去，攻击后主动回收髋关节和小腿，落地时身体还原成右架站立。（见图7-1～图7-4）

跟微信扫码
配套视频
学习指导
运动百科

图7-1

图7-2

图7-3

图7-4

（二）后旋踢

以右架为例，以左腿为轴，右腿回收小腿勾脚，左脚转动180度，右腿随着左腿转动方向蹬出去至最高点，同时蹦脚尖小腿向对方头部旋踢，回收小腿，落地。（见图7-5～图7-11）

扫码看视频

图7-5

图7-6

图7-7

图7-8

图7-9

图7-10

图7-11

（三）双飞踢

以左架为例，左腿横踢，踢击目标的同时，右脚蹬地起跳迅速随身体左转横踢目标，两腿在空中交换，快速踢击，左脚先落地，然后右脚落地。（见图7–12 ~ 图7–19）

扫码看视频

图7–12

图7–13

图7–14

图7–15

图7-16

图7-17

图7-18

图7-19

（四）360度旋风踢

以左架为例，右腿为支撑腿，左腿主动带动身体向右后方转体180度，向右后方转动

的同时右腿用力蹬地起跳用横踢技术弹踢对方腹部，随后回收，落地。（见图7-20 ~ 图7-27）

扫码看视频

图7-20

图7-21

图7-22

图7-23

图7-24

图7-25

图7-26

图7-27

（五）前腿横踢迎击（高位）

以左架为例，前腿提膝至肩的高度，同时夹紧小腿，弹踢，回收，落地。（见图7-28～图7-33）

扫码看视频

图7-28

图7-29

图7-30

图7-31

图7-32

图7-33

（六）后横踢反击

以右架为例，后撤步+后腿横踢，撤步时保持重心不变，前脚落地时后腿直接横踢。（见图7-34 ~ 图7-40）

扫码看视频

图7-34

图7-35

图7-36

图7-37

图7-38

图7-39

图7-40

二、品势

★ 配套视频
★ 学习指导
★ 运动百科

微信扫码

（一）太极四章（见图7-41）

图7-41

①：起势。

②③：面向左，右三七步双手刀，上弓步右立手刀刺击。

④⑤：面向右，左三七步双手刀，上弓步左立手刀刺击。

⑥～⑪：面向前，左弓步燕式手刀，右前踢＋弓步左正拳前击，左侧踢＋右侧踢＋左三七步双手刀。

⑫～⑭：面向右，右三七步外格挡，右前踢落回原地＋右中格挡。

⑮～⑰：面向左，左三七步外格挡，左前踢落回原地＋左中格挡。

⑱～⑳：面向后，左弓步燕式手刀，右前踢＋右弓步背拳前击。

㉑㉒：面向右，左行走步中格挡＋右正拳前击。

㉓㉔：面向左，右行走步中格挡＋左正拳前击。

㉕～㉚：面向后，左弓步中格挡＋右左两次正拳前击，上弓步右中格挡＋左右两次正拳前击（发声）。

㉛：收势（与起势动作相同）。

（二）太极五章（见图7-42）

图7-42

①：起势。

②③：面向左，左弓步下格挡，左丁字步捶拳下击。

④⑤：面向右，右弓步下格挡，右丁字步捶拳下击。

⑥~⑭：面向前，左弓步左右两次中格挡，右前踢+右弓步背拳前击+左中格挡，左前踢+左弓步背拳前击+右中格挡，上弓步背拳前击。

⑮⑯：面向右，右三七步单手刀外格挡，上弓步辅手右肘横击。

⑰⑱：面向左，左三七步单手刀外格挡，上弓步辅手左肘横击。

⑲~㉓：面向后，左弓步下格挡+右中格挡，右前踢+右弓步下格挡+左中格挡。

㉔~㉖：面向右，左弓步上格挡，右侧踢+右弓步左肘掌对击。

㉗~㉙：面向左，右弓步上格挡，左侧踢+左弓步右肘掌对击。

㉚~㉝：面向后，左弓步下格挡+右中格挡，右前踢+交叉步背拳（发声）。

㉞：收势（与起势动作相同）。

（三）太极六章（见图7-43）

★ 配套视频
★ 学习指导
★ 运动百科
微信扫码

图7-43

①：起势。

②~④：面向左，左弓步下格挡，右前踢落后面成右三七步 + 左外格挡。

⑤~⑦：面向右，右弓步下格挡，左前踢落后面成左三七步 + 右外格挡。

⑧⑨：面向前，左弓步右单手刀斜外格挡 + 右横踢。

⑩~⑬：面向左，左弓步上段外格挡 + 右正拳前击，右前踢 + 右弓步左正拳前击。

⑭~⑰：面向右，右弓步上段外格挡 + 左正拳前击，左前踢 + 左弓步右正拳前击。

⑱~⑳：面向前，分拳下格挡，上右弓步左单手刀斜外格挡 + 左横踢。

㉑~㉓：面向左，右弓步下格挡，左前踢落后面成左三七步 + 右外格挡。

㉔~㉖：面向右，左弓步下格挡，右前踢落后面成右三七步 + 左外格挡。

㉗~㉜：面向前，右三七步双手刀，撤步左三七步双手刀，撤步成弓步左掌根内格挡 + 右正拳前击，撤步成弓步右掌根内格挡+左正拳前击（发声）。

㉝：收势（与起势动作相同）。

（四）太极七章（见图7-44）

配套视频
学习指导
运动百科

微信扫码

图7-44

①：起势。
②～④：面向左，右虎步右掌根内格挡，右前踢落回原地＋左中格挡。
⑤～⑦：面向右，左虎步左掌根内格挡，左前踢落回原地＋右中格挡。
⑧⑨：面向前，右三七步双手刀下格挡，上左三七步双手刀下格挡。
⑩⑪：面向左，右虎步辅手右掌根内格挡，原地辅手右背拳前击。
⑫⑬：面向右，左虎步辅手左掌根内格挡，原地辅手左背拳前击。
⑭～⑱：面向前，抱拳式，左弓步左右剪刀格挡，上弓步右左剪刀格挡。
⑲～㉒：面向右，左弓步分拳外格挡，右顶膝＋交叉步双勾拳前击，左脚后撤成右弓步十字下格挡。
㉓～㉖：面向左，右弓步分拳外格挡，左顶膝＋交叉步双勾拳前击，右脚后撤成左弓步十字下格挡。
㉗～㉞：面向后，左行走步左背拳侧击，右里合腿＋马步右肘掌对击，右行走步右背拳侧击，左里合腿＋马步左肘掌对击，原地马步单手刀外格挡，上马步右正拳前击（发声）。
㉟：收势（与起势动作相同）。

（五）太极八章（见图7-45）

★配套视频
★学习指导
★运动百科
微信扫码

图7-45

①：起势。

②～⑨：面向前，右三七步双拳外格挡，左脚向前迈成左弓步右正拳前击，右前踢+跳左前踢（发声）+左弓步中格挡+右左正拳前击，上弓步右正拳前击。

⑩～⑫：面向右，右侧弓步半山格挡，原地转换成左弓步辅手右勾拳上击。

⑬～⑮：面向左，左侧弓步半山格挡，原地转换成右弓步辅手左勾拳上击。

⑯～⑲：面向前，右三七步双手刀，左脚向前迈成左弓步右正拳前击，右前踢向后落地，左脚撤步成左虎步，右掌根内格挡。

⑳～㉓：面向左，右虎步双手刀，左前踢+弓步右正拳前击，收左脚成右虎步、左掌根内格挡。

㉔～㉗：面向右，左虎步双手刀，右前踢+弓步左正拳前击，收右脚成左虎步右掌根内格挡。

㉘～㉝：面向后，左三七步双拳下格挡，左前踢+跳右前踢（发声）+右弓步中格挡+左右两次正拳前击。

㉞～㊲：面向左，右三七步双手刀，左脚向前迈成左弓步右肘横击+右背拳前击+左正拳前击。

㊳～㊶：面向右，左三七步双手刀，右脚向前迈成右弓步左肘横击+左背拳前击+右正拳前击。

㊷：收势（与起势动作相同）。

Chapter 8

第八章 跆拳道运动体能训练

跆拳道运动的体能训练包括基础能力训练和专项素质训练。基础能力训练包括柔韧训练、力量训练、速度灵敏训练、耐力训练等。专项素质训练包括提膝训练和阻力训练。

一、基础能力训练

（一）柔韧性训练（见图8-1～图8-12）

①双腿并拢直腿向前压。
②两脚相对盘腿压跨。
③单腿盘腿前压（左、右腿）。
④跨栏式压腿（左、右腿）。
⑤分腿压（左、右腿）、向前压。
⑥下横叉、竖叉。

图8-1

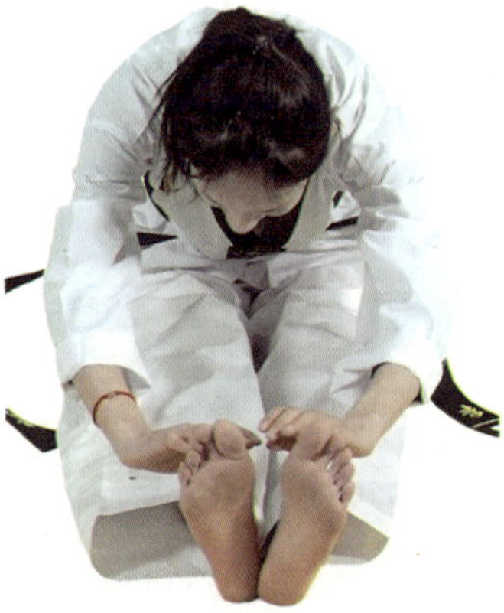

图8-2

图8-3

图8-4

图8-5

图8-6

图8-7

图8-8

图8-9

图8-10

图8-11

图8-12

（二）力量训练

1.基础能力练习

上肢：俯卧撑。（见图8-13、图8-14）

下肢：蛙跳。

扫码看视频

图8-13

图8-14

2.核心

躯干能力：背躺挺髋，20个一组，练习3～5组；背肌两头起，30个一组，练习3～5组。下肢：半蹲、全蹲，20个一组，练习3～5组；单腿半蹲，20个一组，练习3～5组。腹肌两头起，30个一组，练习3～5组。（见图8-15～图8-24）

图8-15

图8-16

图8-17

图8-18

图8-19

图8-20

图8-21

图8-22

图8-23

图8-24

3.器械

上肢：杠铃平推10～20公斤，练习3～5组。

下肢：杠铃10～20公斤，半蹲、深蹲，10个一组，练习3～5组。（见图8-25～图8-29）

图8-25

图8-26

图8-27

图8-28

图8-29

（三）耐力练习

1.混氧练习，400米跑、800米跑，一周进行2次练习。
2.有氧练习，1000米～3000米跑，一周进行2次练习。
3.无氧练习，100米之内，短距离冲刺30米～50米，练习3～5组。

二、专项素质训练

（一）提膝训练

扫码看视频

规定时间30秒一组，3～5组（原地）、行进间20米。

1.左右腿提膝（中位、高位）（见图8-30～图8-34）

图8-30

图8-31

图8-32

图8-33

图8-34

2.下蹲提膝（左腿、右腿）（见图8-35 ~ 图8-38）

图8-35

图8-36

图8-37

图8-38

3.滑步提膝（左腿、右腿）（见图8-39～图8-44）

图8-39

图8-40

图8-41

图8-42

图8-43

图8-44

（二）阻力训练

带橡皮筋阻力练习，原地后横踢，10个一组，练习3～5组。（见图8–45～图8–47）

扫码看视频

图8–45

图8–46

图8–47

（三）控腿训练

行进间的控腿练习

1.推踢：连续推踢的过程，腿不落地。（见图8–48～图8–51）

扫码看视频

图8–48

图8–49

图8-50

图8-51

2.横踢：连续横踢的过程，腿不落地。（见图8-52 ~ 图8-55）

图8-52

图8-53

图8-54

图8-55

3.下劈：连续下劈的过程，腿不落地。（见图8-56 ~ 图8-58）

图8-56

图8-57

图8-58

Chapter 9

第九章　跆拳道实战步法和战术组合

一、跆拳道竞技实战姿势

以右架实战站架为例。（见图9-1）

图9-1

二、跆拳道实战步法

（一）前滑步

以右架为例，前脚主动向前滑步移动半步距离，后脚同时跟上。（见图9-2 ~ 图9-4）

微信扫码
配套视频
学习指导
运动百科

图9-2

图9-3

图9-4

（二）后撤步

后撤步，后脚主动向后移动半步，同时前脚主动跟着撤步。（见图9-5 ~ 图9-7）

图9-5

图9-6

图9-7

（三）交叉步上步（见图9-8～图9-10）

扫码看视频

图9-8

图9-9

图9-10

（四）交叉步后撤（见图9-11～图9-13）

图9-11

图9-12

图9-13

（五）原地上步

以右架为例，左腿为轴，右腿直接向前上步，同时重心跟上，移动幅度小。（见图9–14 ~ 图9–16）

扫码看视频

图9–14

图9–15

图9–16

（六）原地跳换步

实战站架，以右架为例，原地换步，身体幅度和两脚幅度要小，隐蔽性要强。（见图9–17 ~ 图9–21）

图9–17

图9–18

图9–19

图9-20

图9-21

三、跆拳道脚靶技术

（一）脚靶单一技术

扫码看视频

1.后踢（见图9-22～图9-25）

图9-22

图9-23

图9-24

图9-25

2.后旋踢（图9-26 ~ 图9-30）

扫码看视频

图9-26

图9-27

图9-28

图9-29

图9-30

（二）进攻组合技术

扫码看视频

1.左、右腿横踢连击（见图9-31 ~ 图9-34）

图9-31

图9-32

图9-33

图9-34

2.后横踢+上步横踢（见图9-35～图9-40）

图9-35

图9-36

图9-37

图9-38

图9-39

图9-40

3.后横踢+后踢（见图9-41 ~ 图9-45）

图9-41

图9-42

图9-43

图9-44

图9-45

4.后横踢+360度旋风踢（见图9-46～图9-52）

图9-46

图9-47

图9-48

图9-49

图9-50

图9-51

图9-52

（三）反击组合技术

1.左、右腿后横踢反击（图9-53～图9-59）

扫码看视频

图9-53

图9-54

图9-55

图9-56

图9-57

图9-58

图9-59

2.后横踢+下劈反击（见图9-60～图9-68）

图9-60

图9-61

图9-62

图9-63

图9-64

图9-65

图9-66

图9-67

图9-68

3.右手直拳反击（见图9-69～图9-73）

图9-69

图9-70

图9-71

图9-72

图9-73

（四）攻防转换技术

1.后横踢进攻+后横踢反击（见图9-74～图9-79）

扫码看视频

图9-74

图9-75

图9-76

图9-77

图9-78

图9-79

2.左、右腿横踢反击（见图9-80～图9-86）

图9-80

图9-81

图9-82

图9-83

图9-84

图9-85

图9-86

四、基本战术

（一）战术准备（图9-87～图9-89）

扫码看视频

图9-87

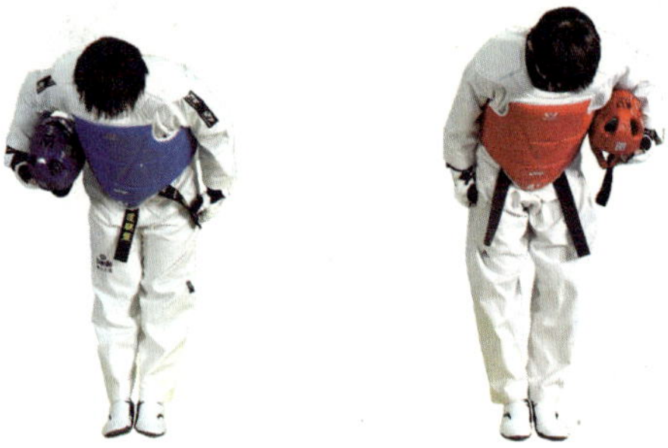

图9-88

图9-89

（二）进攻（开式）

1.前横踢进攻→后横踢反击

进攻方前腿横踢进攻，攻击对方腹部。防守方判断进攻方进攻意图，快速后撤步并后横踢反击。（见图9-90～图9-95）

图9-90

图9-91

图9-92

图9-93

图9-94

图9-95

2.前腿横踢进攻→后手直拳迎击+里合腿下劈

进攻方前腿横踢进攻，防守方即刻直拳攻击对方腹部，同时近距离里合腿下劈。（见图9-96 ~ 图9-101）

图9-96

图9-97

图9-98

图9-99

图9-100

图9-101

（三）进攻（闭式）

1.后横踢进攻（中位）→后横踢反击（中位）（见图9-102～图9-107）

扫码看视频

图9-102

图9-103

图9-104

图9-105

图9-106

图9-107

2.后横踢进攻（中位）→后横踢反击（高位）（见图9-108～图9-110）

图9-108

图9-109

图9-110

3.前横踢进攻→后踢迎击（见图9-111～图9-114）

图9-111

图9-112

图9-113

图9-114

Chapter 10

第十章　跆拳道竞技比赛规则简介

一、比赛项目

奥运会中男女比赛各有四个级别，分别是男子58公斤以下级，男子68公斤级，男子80公斤级和男子80公斤以上级；女子49公斤以下级，女子57公斤级，女子67公斤级和女子67公斤以上级。

二、比赛程序

（1）竞技比赛裁判组由1名主裁和2名边裁组成。主裁发出口令示意运动员入场。运动员面对面站立，相互敬礼。主裁判示意比赛开始。

（2）每场比赛为三局两胜，每局比赛时长为2分钟，局间间歇1分钟。

（3）得分规则。

使用有效的技术，准确、有力地击中得分部位——躯干和头部。

躯干：护胸上蓝色和红色部分覆盖的部位。

头部：头盔最低线以上的部位。

（4）分值。

正拳击中躯干部位，计1分。

使用脚的技术有效击中躯干部位，计2分。

使用脚的技术有效击中头部，计3分。

使用有效旋转技术踢击躯干或头部，可额外加2分。

每次主裁判定运动员犯规，给对手加1分。

三、获胜方式

（1）击倒胜（KO 胜）。

（2）主裁判员终止比赛胜（RSC 胜）。

（3）比分胜（PTF 胜）。

（4）分差优势胜（PTG 胜）。

（5）优势判定胜（SUP 胜）。

（6）弃权胜（WDR 胜）。

（7）对方失去资格胜（DSQ 胜）。

（8）主裁判员判罚犯规胜（PUN 胜）。

四、裁判员手势

（一）运动员入场（见图10-1～图10-3）

图10-1

图10-2

图10-3

（二）检查牙套（见图10-4、图10-5）

图10-4

图10-5

（三）运动员互测护具（见图10-6 ~ 图10-9）

图10-6

图10-7

图10-8

图10-9

（四）运动员立正站立（见图10-10）

图10-10

（五）敬礼（见图10-11）

图10-11

（六）比赛准备（见图10-12）

图10-12

（七）比赛开始（见图10-13、图10-14）

图10-13

图10-14

（八）比赛暂停（见图10-15）

图10-15

（九）运动员越出边界线（见图10-16～图10-20）

图10-16

图10-17

图10-18

图10-19

图10-20

（十）运动员倒地（见图10-21～图10-25）

图10-21

图10-22

图10-23

图10-24

图10-25

（十一）运动员抬腿空踢超过3秒（见图10-26 ~ 10-29）

图10-26

图10-27

图10-28

图10-29

（十二）不良言行（见图10-30 ~ 图10-33）

图10-30

图10-31

图10-32

图10-33

（十三）宣布获胜方（见图10-34、图10-35）

图10-34

图10-35

（十四）比赛结束（见图10-36～图10-38）

图10-36

图10-37

图10-38

“一学就会系列”——献给所有体育运动爱好者！本书是跆拳道普及图书，如对图书内容或者视频内容有更好的建议，欢迎大家积极反馈！

读者专属邮箱：huijing@mail.tsinghua.edu.cn